W0300947

Igelarten

In Europa gibt es drei verschiedene Igelarten:

- Braunbrustigel – sind in Mittel- und Westeuropa beheimatet.
- Weißbrustigel – sind im östlichen Mittel-, Ost- und Südeuropa beheimatet.
- Mittelmeerigel – leben in Spanien, Frankreich und Portugal in Meeresnähe.

Körpermerkmale des Igels

- Igel haben eine rüsselförmig verlängerte Schnauze mit Tasthaaren. Ein Igelbiß besteht aus geschlossenen Zahnreihen im Ober- und Unterkiefer. Jeder Igelzahn hat mehrere Spitzen. Mit diesen Mundwerkzeugen können Igel fast alles verspeisen, was ihrer Größe entspricht.
- Bei Gefahr ziehen Igel ihren Muskelpanzer ruckartig zusammen – mehrere Tausend Stacheln richten sich zu einer Borstenkugel auf.
- Vorder- und Hinterfüße der Igel haben jeweils fünf Zehen mit Krallen. Die Igel können ihre Vorder- und Hinterfüße deshalb als Werkzeug, zum Graben und als Waffe, um sich zu wehren, einsetzen.

Der Autor:
Dr. Eckhard Bahr, Jahrgang 1960,
lebt in Dresden als freier Autor und Journalist.
Sein Arbeitsschwerpunkt sind Naturthemen.
Weitere Veröffentlichungen für Kinder,
z.B. „Wassermann Braunauge" (Dresden 1991).

Bildnachweis:
S. Bauch: S. 30/31,
G. F. Löbauer: S. 6 li., S. 8, S. 9, S. 13, S. 15,
S. 16 o., S. 17, S. 18, S. 19, S. 20, S. 21, S. 22 u.,
S. 25, S. 26/27, S. 28, S. 29, S. 30 u.,
SAVE-BILD Bildagentur: J. Wegner S. 2/3, M. Wegner S. 16 u.,
A. Winkler: S. 6 re., S. 11, S. 22 o., S. 24, S. 26 li., S. 32
Es ist nicht gestattet, Abbildungen dieses Buches zu Scannen,
in PCs oder auf CDs zu speichern oder zusammen mit
anderen Bildvorlagen zu manipulieren, es sei denn mit
schriftlicher Genemigung des Verlages.

Die Deutsche Bibliothek – CIP-Einheitsaufnahme
Stadtigel Raschelbein/Eckhard Bahr. –
Augsburg: Naturbuch-Verl., 1994
ISBN 3-89440-091-9
NE: Bahr, Eckhard

Naturbuch Verlag
© 1994 Weltbild Verlag GmbH, Augsburg
Alle Rechte vorbehalten
Lektorat: G. Lauermann, München
Gestaltung, Umschlag und Satz:
Reckels, Schneider-Reckels & Weber, Wiesbaden
Gesetzt aus der New Baskerville, Roman
Reproduktion: Litho-Art, München
Umschlagfoto: A. Winkler
Druck und Bindung: Sebald Sachsendruck, Plauen
Printed in Germany

ISBN 3-89440-091-9
Stadtbibliothek Reutlingen
Zweigstelle Orschel-Hagen 16,80
94-20643

STADTIGEL RASCHELBEIN

Eckhard Bahr

Naturbuch Verlag

Im Garten raschelt es leise. Etwas schleift durchs Gebüsch. Hat sich Trolli, der Hund vom Nachbarn wieder einmal verirrt? So spät in der Dämmerung? Oder war es eine Täuschung? Jetzt schnauft es auch noch und schmatzt ganz deutlich. Dann raschelt es wieder. Ein Husten ertönt. Knacken im Gebüsch.
Einbrecher?

Fast gespenstisch ist das im herbstlichen Abenddämmer am Rande der großen Stadt...
Doch plötzlich sind die Geräusche verstummt. Beim Abschließen des Gartentors kommen die Kinder dem Geheimnis auf die Spur. Ein Igeljunges hat sich eingerollt und wirft im fahlen Licht des aufgehenden Mondes einen Schattenball aufs Gartenbeet.
Stadtigel Raschelbein hat Angst. Er hält die Schritte der Kinder für ein Erdbeben.
Deshalb hat er sich eingerollt und ganz klein gemacht. So sehr die Kinder auch umhersuchen und ins Dunkel starren – die Stachelkugel ist nicht mehr zu entdecken. Der Mond hat kurzerhand seine Laterne ausgeknipst. Komm Robert, wir gehen, es wird schon eisig kalt, sagt Ulrike, die kleine Schwester, die wie alle weiblichen Wesen vernünftiger ist als Robert, der große Bruder.
Wir wollen doch dem Igel helfen, entgegnet Robert, der ausgewiesene Igelfachmann der Familie. Er hat nämlich erst vor kurzem einem verletzten Igel geholfen. Allein überlebt Raschelbein den Winter sowieso nicht, meint er, und Uli, die kleine Schwester, stimmt dieses Mal zu. Trotzdem öffnet sie das Gartentor und nimmt Robert bei der Hand, um ihn fortzuziehen.
Raschelbein atmet tief durch, als die Kinder knirschend über den Kiesweg entschwinden. Das wäre erst einmal überstanden.
Nicht jeder Herbstigel will aufgesammelt, und mitgenommen werden!

Was tun?

Herbstigel

Junge, sehr kleine Igel, die im Herbst, zum Teil noch bei Tageslicht, umherstreifen, solltest du nicht in jedem Fall einsammeln und mitnehmen – auch nicht in noch so guter Absicht. Viele dieser Igel können es durchaus noch schaffen, sich in den letzten Herbsttagen das nötige Überwinterungsgewicht von etwa 500 Gramm anzufressen. Hält sich das Igelkind in eurem eigenen Garten auf, kannst du eventuell abends ein wenig rohes Rinderhackfleisch oder Trockenfutter hinausstellen. Besonders gekochtes Hühnerfleisch ist eine Igeldelikatesse. Knochen dienen zum Zähneputzen. Doch Vorsicht, keine Splitter verabreichen! Auch eine Igeltränke, ein Schälchen mit klarem Wasser, kannst du aufstellen. Nur Kuhmilch, und wenn sie noch so frisch ist, vertragen Igel nicht. Sie bekommen krampfartige Bauchschmerzen davon.
Für den Winterschlaf benötigen Igel vor allem ein Versteck in einer Hecke oder einem alten Schuppen, denn es sind Wildtiere, die in erster Linie Unterschlupf brauchen, nicht Hausarrest! Erst wenn du bei Frost und Schnee noch einen – gar am Tage – umherstreifenden Igelwinzling bemerkst oder einen kranken, geschwächten oder verletzten Igel findest, solltest du dem Tier ganz direkt helfen. Was du tun kannst, erfährst du, wenn du weiterblätterst.

Am nächsten Morgen ist Raschelbein schon sehr früh unterwegs. Eine innere Unruhe hat ihn befallen. Er spürt, daß er jetzt vor dem Winter keine Zeit zu verlieren hat. Das geht den meisten Tieren, die Winterschlaf halten – und auch manchen Menschen – so, wenn die Tage kürzer werden und Kälte vor der Tür steht.
Für Raschelbein muß jeder Tag einige Gramm Zuwachs bringen, damit er genügend Energie speichern kann. Sonst packt ihn der bevorstehende Frost mit eisigen Krallen, und er hat keine Chance zu entrinnen. Ohne daß es dem Igeljungen irgend jemand gesagt hätte, schnappt er zu, wo er nur kann. Wenn man nur gut genug sucht, hat der Oktobergarten noch ausreichend Nahrung zu bieten. Sogar manchen Leckerbissen. Überreife Fallbirnen, die besonders schmecken, wenn sie schon etwas faulig sind, Regenwürmer, die sich im Kompost ringeln. Und im Schuppen hat Raschelbein sogar ein Mäusenest erspäht.

Auch im Schilf am nahen Weiher gibt es noch so allerhand zu entdecken. Ein Fröschlein nimmt eilends Reißaus.
So schnell kommt Raschelbein nicht hinterher. Da trinkt er doch lieber in kurzen schnellen Schlucken, als ob er deswegen an den Teich gekommen wäre. Und siehe da, eine vorwitzige Wasserschnecke wandert gleich mit in den Igelmagen.
Doch Birne hin, Schnecke her. Alles in allem war es doch in den letzten Sommerwochen, die Raschelbein noch gemeinsam mit Mutter und Geschwistern verbrachte, viel einfacher gewesen, Nahrung zu erbeuten.

An den Tag seiner Geburt kann sich Raschelbein natürlich nicht erinnern, aber er ist im August geboren. Alle Igelbabys sind winzig klein, hilflos und blind, wenn sie im Nest der Igelmutter zur Welt kommen, aber Raschelbein war besonders klein. Sein Nest war rund und ziemlich dunkel, ausgepolstert mit viel Stroh, Blättern, Zweigen, Gras und Holzresten, Stofffetzen und Gummistreifen. Sogar eine alte Mütze hatte Raschelbeins Mutter mitverarbeitet. Eine für Igelverhältnisse gemütliche Wochenstube war so entstanden, gut getarnt und ungestört im alten Schuppen in der Gartenecke.

Störungen mögen Igelmütter nämlich ganz und gar nicht. Stöbert ein Hund, Marder oder Fuchs noch vor der Geburt der Igelbabys die Mutter im Nest auf, kommen die Stachelkinder oftmals nicht lebendig zur Welt. Kurz nach einer geglückten Geburt beißt die Igelmutter bei einer solchen plötzlichen Störung manchmal vor Schreck ihren Nachwuchs sogar tot. Ein paar Tage später nimmt sie so eine Sache meist schon etwas gelassener hin und baut an einem anderen Ort ein neues Nest.
Raschelbein und seinen Geschwistern ist so etwas zum Glück erspart geblieben. Seine Mutter vermißte nicht einmal den Igelvater, der sich irgendwo in der Welt herumtrieb. Im Gegenteil, sie war sogar froh darüber.
Igelmütter sind von Natur aus auf sich gestellt. Deshalb ist die Anwesenheit des Vaters bei der Geburt der Jungigel unerwünscht. Ein Familienleben wie die Menschen kennen Raschelbeins Verwandte nicht. Auch die Zeit, die die Igelmutter mit ihren Jungen verbringt, ist kurz.

Raschelbeins Mutter hatte mit Raschelbein und seinen Geschwistern nicht zum ersten Mal Nachwuchs bekommen. Es war ihr zweiter Wurf, wie bei Säugetieren die Geburt von mehreren Tierkindern heißt. Drei kleine Igel erblickten das Licht der Welt, Raschelbein war einer von ihnen. Das war nicht einmal ein großer Wurf, wenn man bedenkt, daß es auch fünf oder sieben Igeljunge hätten sein können. Aber Herbstigel haben sowieso weniger Chancen, groß zu werden. Deshalb war es schon besser so.

Was tun?

Hunde und Katzen

mögen Igel nicht. Ursprünglich hatten sie auch nichts miteinander zu tun. Der Hund ist ein Haustier, das schon seit Jahrtausenden mit dem Menschen lebt – der Igel ein freilebendes Wildtier, das sich erst in jüngster Vergangenheit in menschlicher Wohnumgebung, im Garten und am Stadtrand aufhält, weil er sonst kaum mehr günstigen Lebensraum vorfindest. Ganz besonders störungsanfällig gegenüber Hunden sind Igelmütter mit ihren Neugeborenen.
Das Verhältnis der beiden ungleichen Tiergruppen ist ein bißchen so, als ob Frau Holle plötzlich von ihrer Märchenwolke herabgestiegen wäre und erstaunt laut brummende Autos und Lastkraftwagen vor sich sähe. Sie wüßte nichts mit ihnen anzufangen, und natürlich wäre sie verschreckt. Genau so einen Schreck erlebt ein Igel, wenn plötzlich ein Hund vor ihm steht und ihn verbellt! Also am besten den neugierigen Vierbeiner mit seiner lauten Stimme vom geschäftigen, aber schreckhaften Gartenigel fernhalten. Sonst kann es passieren, daß er sich einmal kräftig die Nase aufpiekst, und der Igel kann vor Schreck krank werden oder sich zumindest davonmachen. Und das will ja niemand.
Auch Katzen greifen Igelbabys manchmal an. Um erwachsene Igel machen diese Tiere von Natur aus lieber einen Bogen. Im Garten stellen sie aber gerne Vögeln nach. Schon deshalb sollten wir hier auf Katzen immer ein Auge haben. Stellen wir einen Igelfutternapf auf, bedienen sie sich auch an den Speisen und vergessen darüber das Mäusefangen.
Wir müssen uns gut überlegen, ob wir Wildtiere wie den Igel unterstützen oder Haustiere wie Hund und Katze halten wollen.Beides auf einmal ist, zumindest in einem kleinen Garten, sehr schwierig.

Die Natur denkt mit, sagt Robert, der Igelfachmann oft, und das klingt klug und ist es auch.
Raschelbein und seine Geschwister hatten das Glück, daß ihre Geburt auf den letzten Augusttag fiel und damit noch Zeit blieb, die notwendigen Winterreserven anzuspecken.
Und hatte denn die Igelmutter bei der Geburt gar keine Angst vor den Stacheln der Igelbabys?
Tatsächlich werden Igelkinder schon mit Stacheln geboren. Aber diese Borsten sind mit einer Haut überzogen, so daß sie der Igelin nicht weh tun können. Als kleine Pickel lugen die Stachelchen am Rücken des Neugeborenen hervor, und schon sehr bald kommen sie ganz weiß und weich zum Vorschein.

Genau 99 Stacheln hatte Raschelbein bei seiner Geburt. Gezählt hat er sie freilich nicht; denn als er und seine Geschwister Stachelmax und Stachelinchen nach ungefähr 15 Tagen ihre schwarzbraunen Igelknopfaugen öffneten und die Milchzähnchen durch nadelfeine, mehrspitzige Zahnreihen abgelöst wurden, waren auch die weißweichen Babystacheln bereits verschwunden und durch deutlich längere, festere, eben richtige Igelborsten überwachsen. Immer mehr, ja Tausende bekam Raschelbein, je älter er wurde. Nach drei Wochen schon war Raschelbein durch den Garten geraschelt, in dem ihn später die Kinder überrascht hatten.
War das ein Schreck gewesen, als er Mutter und Geschwister das erste Mal ganz plötzlich aus den Augen verloren hatte, sie nicht mehr roch und hörte! Wie gut, daß in solch einem Fall ganz von selber ein hohes ängstliches Pfeifen aus einer Igelkehle dringt. Wieder und wieder hatte Raschelbein auf diese Weise gerufen und zwischendurch so aufgeregt gepiepst, daß die zufällig vorbeistreunende Katze, selbst noch ganz jung, an schmackhafte Vogelküken erinnert wurde. Zum Glück stellte sie Raschelbein, den sie für ein ausgewandertes Nadelkissen hielt, nicht nach. So schnaufte endlich die Mutter heran, hustete einige Male vor Aufregung –, weil ihr wie stets die Lungenwürmer, diese Plagegeister, zu schaffen machten – und führte Raschelbein zum Nest zurück. Die Katze stob davon wie der Wind, denn das Igelhusten klingt ganz menschlich, und junge Katzen haben immer ein schlechtes Gewissen.

Schon bald nach diesem abenteuerlichen ersten Ausflug erlebte Raschelbein einen noch viel größeren Schrecken. Die vier Wochen bei der Mutter und damit seine „Babyzeit“ waren endgültig um: „Schluß jetzt, keine Milch mehr, Kinder, es wird Zeit, selbst auf Futtersuche zu gehen“, bedeutete ihm und seinen Geschwistern die Mutter. Ein Schnellkurs von reichlich einer Woche mußte genügen, um zu lernen auf eigenen Füßen zu stehen. Lag es nun daran, daß es vielleicht doch etwas zu schnell damit ging, oder hatte allein ein böser Zufall seine Hand im Spiel: gerade diese Herbsttage, kurz vor unserer ersten Begegnung mit Raschelbein im Garten, brachten gleich zwei Unglücksfälle hintereinander über die kleine Igelfamilie.

Zunächst hatte Stachelmax nicht aufgepaßt und war holterdipolter in den ausbetonierten Gartenteich gestürzt. Puh, das war ja eine richtige Igelfalle! Es dauerte ganz schön lange bis er die Igeltreppe fand, die Robert zum Glück angebracht hatte, und wieder herausklettern konnte. Igel können zwar schwimmen, aber so richtig ausdauernd sind sie dabei nicht. Außerdem war es doch schon beträchtlich kalt in jenen Herbsttagen, so daß Stachelmax froh war, schnell wieder aus dem Wasser zu entkommen.

Das andere Unglück war aber viel schlimmer; es traf Raschelbeins Mutter und seine Schwester. Beim Unterricht im Fach Nahrungssuche hatte die Mutter ihren Igelkindern gezeigt, daß Regenwürmer und andere für Igel schmackhafte Tiere gern nachts auf Straßen kriechen, um die von dort abstrahlende Wärme zu genießen. Dabei kann man diese vor sich hin träumenden, etwas kurzsichtigen Geschöpfe gut absammeln und verzehren. Allerdings schwebt man selbst in der Gefahr, von den Rollmaschinen mit ihren blitzenden Augenlichtern erfaßt zu werden. Und gerade das hatte Stachelmax übersehen, als er ein besonders gelehriger Schüler sein wollte und vorwitzig auf die Straße lief, um als erster Regenwürmer einzusammeln. Stachelinchen natürlich nichts wie hinterher.

Was tun?

Igel in der Falle

Am gefährlichsten sind absichtlich von Menschen aufgestellte Fallen oder Netze, die auch Igeln zum Verhängnis werden können. Weißt du von solchen Fallen oder Netzen, die zum Beispiel Obstplantagen vor Vögeln schützen sollen, so frag am besten den Besitzer, ob du helfen darfst, unabsichtlich darin gefangene Tiere zu retten. Aber auch Kläranlagen, Kanalisations- und andere Wassergräben, unabgedeckte Abflußrohre, Kabelschächte und sogar Schwimmbäder und Gartenteiche können zur Igelfalle werden, wenn sie keine Igel- oder Krötentreppe haben. Eine solche Rettungsleiter – etwa wie das Treppchen zum Hühnerstall – sollte an jeder möglichen „Falle“ ohne Ausgang angebracht werden. Noch besser ist es, wenn die Igeltreppe aus kleinen Holz-, Schilf- oder Bambusstücken gefertigt ist. Sie können zu einer Matte verflochten und in den Teich gehängt werden. Wichtig ist, daß das untere Ende so beschwert oder befestigt wird, daß es unter der Wasseroberfläche bleibt; so können die „verunglückten“ Igel oder Kröten leichter hinauf. Sicher helfen dir deine Eltern gerne, eine solche Treppe zu bauen!

Hatte Stachelmax wieder einmal Glück im Unglück, übersah die Schwester den heranbrausenden Radauflitzer und wurde in hohem Bogen in den Straßengraben geschleudert. Und auch die Mutter hatte Pech. Sie wollte die Tochter noch am Hinterbein packen, da wurde sie selbst erwischt und blieb schwer verletzt mitten auf dem breiten Asphaltband am Rande der Gartensiedlung liegen.
Wie gut, daß Robert und Ulrike auch an diesem Tag nicht weit waren und wenigstens die verletzte Igelmutter bergen und zum Tierarzt bringen konnten. Auch Stachelmax nahmen sie – vielleicht etwas voreilig – gleich mit zur Igelstation. Nur Stachelinchen war nicht mehr zu helfen ...

Und Raschelbein?

Raschelbein hatte sich ganz tief ins Gras am Straßengraben gedrückt. Er war als letzter gegangen und hatte wie so manchmal ein wenig herumgebummelt. Das ist nicht immer die schlechteste

Was tun?

Straßenigel

Sitzt ein gesunder Igel mitten auf der Straße, kannst du natürlich nicht zusehen, wie er überfahren wird. Du darfst ihn anfassen und in Sicherheit bringen. Dazu faßt du mit beiden Händen seitlich unter den Bauch des Igels und trägst ihn – soweit erkennbar – in seiner Laufrichtung bis ins nächste Gebüsch. Auf keinen Fall aber einsammeln und mitnehmen! Igel, auch Kröten und andere Insektenvertilger, sitzen deshalb gern zur Futtersuche auf nächtlichen Straßen, weil diese schön aufgeheizt und deshalb wärmer als ihre Umgebung sind. Manchmal führen aber auch regelrechte Wanderpfade, besonders die von Kröten, Fröschen und Molchen, über dicht befahrene Verkehrswege. Die Straßen sollten dann untertunnelt oder zumindest mit einem Tierschutzzaun versehen werden. Das rettet auch viele Igelleben.

Position... Dann hatte er sich – zunächst vor Schreck, schließlich aus Scheu vor den Kindern – klein gemacht. Er verspürte keine Lust, von ihnen aufgesammelt zu werden, so wie sie es mit Stachelmax getan hatten. Bei der verletzten Mutter war das ganz etwas anderes. Ihr konnten die Kinder bestimmt besser Hilfe zukommen lassen, als es Raschelbein je vermocht hätte. Was sollte er schon ausrichten? Ihm blieb höchstens ein bißchen Igelspucke, um jemandem die Wunden zu lecken. Und davon heilt bekanntlich kein gebrochenes Bein. Also blieb Raschelbein lange still sitzen, bevor er sich vorsichtig entrollte, um von da an allein weiter zu ziehen und die Welt zu erkunden.

Raschelbein trauerte der Familie nicht lange nach. Dazu war er viel zu vergeßlich und als echter Einzelgänger außerdem auch nicht auf sie angewiesen. Im Gegenteil – bald gefiel ihm das einsame Umherstreifen in der Dämmerung. In dieser Rolle fühlte er sich wohl. Und er machte sich auch keine zu großen Sorgen um seinen Winterspeck. Daß er fressen, fressen und nochmals fressen mußte, hatte er im Blut. Und so folgte dem Rüsseln und Schnuppern und Rascheln immer öfter auch ein Schnappen, Schmatzen und Schlürfen, daß es eine Lust war. Auch an jenem Herbsttag, als die Kinder den Garten verlassen hatten, machte sich Raschelbein noch einmal über das Fallobst her.

Was tun?

Verletzter Igel

Findest du am Straßenrand oder an einem Graben einen verletzten Igel, solltest du ihm unbedingt helfen. Zunächst einmal genauer anschauen: hat er offene Wunden oder einen Knochenbruch? Das siehst du zum Beispiel, wenn er laufen will und nicht fortkommt. Liegt er regungslos da, kann man vorsichtig mit einem Stöckchen sein Gesicht oder das Stachelkleid antippen, dann bewegt er sich, falls er noch lebt. Einen Bruch kann man schienen, eine Wunde abdecken, am besten macht das natürlich der Tierarzt. Erschrick nicht, wenn du den verletzten Igel genauer anschaust, Igel haben Flöhe, Zecken und Würmer. Notiere am besten Fundort, Fundzeit, Funddatum und vielleicht auch die wahrscheinliche Ursache der Verletzung, wenn du sie abschätzen kannst. Vor allem von Juni bis September solltest du auch das Geschlecht des verletzten Igels feststellen. Es kann sein, daß es sich um eine Igelmutter handelt, deren Junge dann hilflos im Nest liegen.

In der Regel ist das Igelnest nicht weit von der Fundstelle entfernt. Jungigel, die hungrig sind und die Mutter vermissen, piepsen und fiepen wie junge Vögel. Wenn die Igeljungen etwas älter sind, lassen sie auch ab und zu ein hohes Pfeifen ertönen, einen sogenannten Stimmfühlungslaut, dem du nachgehen kannst. Natürlich kannst du die jungen Igel nicht sich selbst überlassen und nimmst sie mit zum Tierarzt, aber nur dann, wenn die Mutter tot oder verletzt ist. In anderen Fällen sind die Igeljungen nur scheinbar verlassen. Dann störe sie nicht und entferne dich leise.

Noch etwas Gutes hat der Herbst, außer den leckeren überreifen, leicht angeschimmelten Fallbirnen, denkt Raschelbein am nächsten Tag, als er seine Arbeitsleistung überblickt: Im Garten wird es von Tag zu Tag stiller.
Und wirklich, die Kinder ließen sich nicht mehr blicken. Sollte der olle Versteckigel doch bleiben, wo der Pfeffer wächst, mochten sie denken. Vielleicht hielten sie auch das stetige Plattern des kühlen Herbstregens und der naßkalte Nebel im Haus, wer weiß, Raschelbein jedenfalls freute sich riesig über jeden Tag mit Sonnenschein.
Aber dank dem alten Schuppen, in dem sich das Nest mit der Igelwochenstube befindet, übersteht Raschelbein die kalten und regnerischen Nächte auch ganz gut. Er kann sogar darangehen, sich das Quartier, auf das nun niemand mehr Anspruch erhebt, mit etwas Heu und Fallaub aus dem naturgerechten Gartengrundstück für den Winterschlaf herzurichten. Bis zum Wintereinbruch ist glücklicherweise noch etwas Zeit, die Raschelbein auch dringend zum Fressen braucht.

Am Tage läuft ihm noch so manch' leckerer Happen über den Weg. Deshalb treibt es Raschelbein, der eigentlich Nachtjäger ist, nun zuweilen auch tagsüber hinaus. Einen unvorsichtigen Grashüpfer oder einen vorwitzigen Laufkäfer verschmäht er nicht. Er findet auch einen müde gewordenen Schmetterling, einen prächtigen Schwalbenschwanz, der kraftlos an einem Pfosten hängt und nicht mehr weiterkommt. Ihm kann niemand mehr helfen. Sein Lebenswerk ist vollbracht. Er hat für Nachwuchs gesorgt. Ganz in der Nähe klettert sein Raupenkind an einer Möhrenpflanze. Es wird sich bald zur Schmetterlingspuppe einspinnen und von Raschelbein unbemerkt, gar nicht weit von ihm im Schuppen, überwintern. Eine neue Faltergeneration kann so heranwachsen. Der alte Schwalbenschwanz will sich nicht länger quälen. Das ist nun einmal der Lauf der Natur. Raschelbein hat keine Zeit, darüber nachzudenken. Er knabbert, was ihm vor die Rüsselschnauze und zwischen die Kiefer kommt. Selbst, wenn mancher Käfer, manche Schnecke und manches Spinnentier etwas bitter schmecken, verzehrt er sie mit nicht nachlassendem Appetit. Vielleicht merkt er, daß er um's Überleben frißt ...

Eines Tages will Raschelbein gar nicht mehr aus seinem warmen gemütlichen Laubversteck herauskommen. Erst am Mittag, als sich der dichte Herbstnebel etwas aufgelöst hat, raschelt er unterm Schuppen hervor. Hunger, Durst und das unbestimmte Gefühl, er werde sonst nicht wieder aufwachen, treiben ihn dazu.
Doch was ist das? Die Igeltränke, die Robert für Raschelbein – und auch für die Vögel – im Garten aufgestellt hat, ist mit einer Haut überzogen. Als Raschelbein mit seiner schwarzen Schnauze dagegendrückt, knackt die Haut, gleichzeitig aber durchfährt ihn ein scharfer brennender Schmerz. Solch eine tückische Haut hat er noch nie erlebt, geschweige denn an der eigenen Schnauze verspürt. Vor Schreck rollt er sich ganz fest zusammen und will nie wieder weiterrascheln. Mit der Zeit aber legt sich der pochende Schmerz in der empfindlichen Igelschnauze, und Raschelbein lugt vorsichtig unter seinen Stachelspitzen hervor.
Da steht ja noch etwas!
Was mag das wohl sein? Ein angenehmer Duft steigt in Raschelbeins lädiertes Riechorgan. Offenbar war am Morgen jemand im Garten und hat an ihn gedacht!
Mageres Rinderhackfleisch mit einem Eigelb verquirlt – schon wieder eine Premiere! Ein abgenagter Hühnerknochen mit einigen Fleischresten liegt auch noch dabei. Das ist ein Festessen! Raschelbein schmatzt zufrieden wie schon lange nicht mehr. So dicht liegen Gut und Böse also manches Mal beisammen.
Am Hühnerknochen putzt sich Raschelbein gründlich und ausgiebig seine spitzen Nadelzähne. Die will er schließlich noch lange benutzen. Und siehe da, am Gartentor hat der morgendliche Besucher – offenbar tatsächlich unabsichtlich – auch noch eine Tomate verloren, die aufgeplatzt im Mittagssonnenschein prangt. Nein, nicht einmal gefroren ist sie und sogar schon ein wenig gammelig: schmatz, schmatz, ist sie verzehrt. Der Igelmagen freut sich, und Raschelbeins Laune bessert sich zunehmend. Diese Menschen scheinen doch am Ende nicht so schlecht, aufdringlich und unsympathisch zu sein, wie er immer geglaubt hatte ...
Solcherart Hilfe hat Raschelbein gern. Da kann er sich immer noch einbilden, das

Zubrot sei seiner Findigkeit zu verdanken, nur einfangen sollen sie ihn lieber nicht! Raschelbein will es allein schaffen, über den Winter zu kommen. Trotz Kälte und frostiger Aussichten! Da hat er seine Igelehre!
Und alsbald raschelt er wieder in seine inzwischen salonfähig ausgepolsterte Schlafkoje ein.
Der Winterschlaf beginnt.

An einem milden Spätwintertag wacht Raschelbein plötzlich auf und glaubt, es sei Frühling. Er raschelt sich mühsam aus seinem Laubversteck frei und schiebt die immer ein wenig feuchte Nasenspitze in den sanften Luftzug, der tatsächlich entfernt nach Frühling riecht. Aber der Garten ringsum sieht nicht viel anders aus als im Spätherbst.
Woran erkennt man den Frühling?
Raschelbein weiß es nicht. Er hat nur so eine Ahnung. So richtig bewegen kann sich unser Igeljunge zu allem Übel auch noch nicht wieder. Ihm ist, als hätte er Blei in den Adern. Ganz vorsichtig setzt er ein Bein vor das andere. So richtig will es nicht gehen. Bohrender Hunger quält seinen Magen. Doch Freßbares kann er nirgends entdecken. Soll so der Frühling sein?
Raschelbein sieht einen schwarzen Vogel mit auffällig gelbem Schnabel auf dem Ast des alten Apfelbaums. Der Vogel spreizt das Gefieder und reißt immer wieder den Schnabel auf, daß es aussieht, als ob er gleich lossingen würde. Aber kein Ton kommt hervor. Eine Windböe faucht durch den Garten. Dunkle Wolken schieben sich vor den fahlgesichtigen Sonnenball. Raschelbein fröstelt. Nein, das kann noch nicht der Frühling sein!
Die milden Temperaturen haben den Winterschläfer getäuscht – und nicht allein ihn! Da, surr, eine Fliege. Eilgeschwind trägt sie fort der Wind. Die wird nicht wiederkommen. Und überleben wird sie vielleicht auch nicht, falls sie nicht ein offenes Fenster oder einen warmen Stall findet.
Aber Raschelbein will am Leben bleiben. Vielleicht hätte ihm ein Fliegenimbiß dabei geholfen. Ach, wäre er doch nicht so steif vor Kälte! Schon beinahe mutlos geworden, schleppt sich Raschelbein bis zur Gartenpforte.

Ist sie's, oder ist sie es nicht? Da fährt doch wahrhaftig Ulrike auf dem nagelneuen Fahrrad vorbei, das seit Weihnachten im Schuppen wartet und nun ausprobiert wird. Sie hat Raschelbein doch nicht etwa bemerkt?
Wenn doch, dann will sie mich bloß einfangen, denkt Raschelbein griesgrämig. Die Erinnerung funktioniert also wenigstens wieder. Im Sauseschritt, oder richti-

ger so schnell seine schwachen Beinchen sich bewegen können, raschelt er hinaus zum Holundergebüsch, das ihm schrecklich dürr und ungeschützt vorkommt. Wie ein Baumskelett. Nein, hier wird er nicht überwintern können! Sobald Ulrike fort ist, muß er wieder in sein Schuppenversteck kriechen.

Während sich Raschelbein mißmutig im Gezweig verbirgt, fährt Ulrike tatsächlich wieder am Tor vorbei. Und gerade als Raschelbein unter dem Busch verschwindet, erkennt das Mädchen den „Einbrecher" aus der Vollmondnacht im vergangenen Herbst. Diese Begegnung hat sie schon deshalb nicht vergessen, weil ihr Bruder Robert noch immer einige Igel gesund pflegt. Müßte er nicht auch diesen kleinen Kerl in Pflege nehmen? Bestimmt ist er krank oder hat doch wenigstens tüchtigen Hunger. Sonst würde er doch nicht schon im Februar hier herumlaufen. Denn, daß Igel Winterschlaf halten, weiß Ulrike ganz sicher, auch wenn sie noch nicht in der Schule ist.

Als Raschelbein am späten Nachmittag vor Hunger kaum noch atmen kann, zwingt er sich erneut hinaus ins Freie. Vielleicht würde er bei Dunkelheit mehr Glück haben und etwas zu futtern finden ... Viel Hoffnung hat er nicht, doch zum Glück ist es heuer recht mild draußen. Unsicher dreht der Igeljunge die bewegliche Schnauze in den Wind. Diesen Duft kennt er doch!

Halb eingerollt lauscht Raschelbein mißtrauisch in die heraufziehende Nacht. Hat ihm auch niemand einen Köder gelegt? Mit dem Mut der Verzweiflung geht er einfach seiner Nase nach. Und wirklich – am alten Platz bei der Igeltränke steht ein Schälchen mit Gehacktem! Ohne Eigelb dieses Mal, falls Nachtfrost eintritt, aber reichlich aufgetischt. Raschelbein kann es kaum glauben und meint fast zu träumen. Doch es stimmt, alles ist echt, wie er bald darauf laut schmatzend quittiert.

Noch einmal und noch einmal findet Raschelbein in den folgenden Tagen eine Mahlzeit vor. Sicherheitshalber raschelt er nie zur selben Zeit heran. Aber Robert weiß wohl, daß sein Gast nicht eingefangen werden will. Trotz intensiver Pflege hat er zu Hause nur noch Stachelmax am Leben erhalten können. Und der war ja in freier Natur ein munteres, wenn auch vorwitziges Bürschchen. Auch deshalb ist Robert jetzt vorsichtiger geworden.

Daß Raschelbein jede der angebotenen Mahlzeiten bis zum letzten Fettstückchen aufspachtelt, zeigt dem Helfer, daß der Jungigel noch genügend Kraft hat, den Überlebenskampf zu bestehen.

Nach einigen Tagen, als es wieder kälter wird und Raschelbein sich wieder besser fühlt, kommt er nicht mehr hervor. Der Igel hat noch einmal in den Winterschlaf gefunden. Wenn er das nächste Mal erwacht, wird er bemerken, was es heißt, wenn es wirklich Frühling ist ...

Als Robert und Ulrike Stadtigel Raschelbein im schönsten Frühling wiedertreffen, wundern sie sich trotz ihrer guten Kenntnisse. Das liegt an Raschelbeins Stachelkleid. Ist er doch noch krank geworden, jetzt, da alles überstanden scheint und der Tisch der Natur wieder reichhaltiger gedeckt ist? Was ist geschehen? Raschelbein ist scheckig geworden. Ganz bunt gescheckt wie Trolli, der Nachbarshund, der eine echte Straßenmischung ist.

Wie kann ein Igel so scheckig werden? Tatsächlich eine Art Flecktyphus, eine schwere Krankheit, wie Robert schon beinahe vermutet?

Nein, Raschelbein ist ganz munter bei der Nahrungssuche. Mit Würmern kann er sich am schnellsten den Bauch vollschlagen. Auch am Gelege einer Feldlerche, die oben auf dem Schlag am Rande der Gartenanlage brütet, hat er sich schon versucht. Die kleinen gefleckten Eier munden ihm vortrefflich. Vor Freude bereitet er sich einen Brei aus Lehm vom morastigen Feld, Resten der Eierschalen und was er sonst noch finden kann. Damit bespuckt sich Raschelbein mit Wonne und nach allen Regeln der Kunst. Dabei fühlt er sich keineswegs krank, sondern offensichtlich pudelwohl und mopsfidel.

Was tun?

Kranker Igel

Einen kranken Igel erkennst du an seinem starren Blick, seinen matten eingefallenen Augen – ganz im Unterschied zu den munter hervorlugenden, schwarzen Knopfaugen eines gesunden Igels, die wirklich aussehen können wie angenäht. Außerdem sind kranke Igel in der Regel abgemagert. Bei ihnen kann man die Rippen fühlen.

Die Schulterblätter und die Hüftknochen spießen hervor. Auch am Gang merkst du, ob der Igel geschwächt ist – dann kann er sich kaum auf den Beinen halten, torkelt umher wie ein Betrunkener. Achtung! Füttern allein reicht dann nicht mehr aus. Einen kranken Igel solltest du unbedingt dem Tierarzt vorstellen oder in eine Igelstation bringen!

Die Spuren seiner künstlerischen Tätigkeit bleiben als scheckiger Belag auf den Stacheln zurück. Sie sollen ihn tarnen, aber Raschelbein sieht damit aus wie im Clownskostüm.
Auf alle Fälle beunruhigen sie seine Beschützer aus dem Garten ganz umsonst. Igel bespucken sich nun einmal gern selbst, wenn sie sich recht wohl fühlen.

Aber nicht nur Raschelbein gibt Anlaß zum Wundern. Auf dem Rückweg vom Lerchenschlag begegnet er am Rande des Gartens selbst einem Wunderwerk der Natur.
Zunächst vernimmt er ein leises, kaum wahrnehmbares Fiepen, das ihn an die eigene Jugendzeit erinnert, an die Suche nach der Mutter und den Geschwistern. Aber diese Laute klingen noch etwas dünner als seine Rufe damals, dazu sehr hilflos und etwas traurig. Es sieht aus, als ob die vorjährigen Blätter des Laubwaldes am Rande der Siedlung zu laufen anfingen. Doch dann bemerkt Raschelbein unter den Blättern vierbeinige Tiere, die wie Frösche aussehen, aber regelrecht gehen können. Sie kommen anscheinend direkt aus der Erde, unter den Blättern hervor. Raschelbein will schon zuschnappen, aber die beweglichen Morgenhappen scheinen doch etwas zu groß und unheimlich für ihn zu sein. Mit Interesse beobachtet er, wie die kleineren dieser Wesen den etwas größeren und kräftigeren nachlaufen, aufspringen und sich festklammern. Es sind Erdkrötenmännchen auf dem Weg zu den Laichgewässern im nahen Gartenland mit seinen Teichen, Weihern und Gräben. Auf eines der Krötenweibchen mit ihren großen, goldbraunen Pupillen kommen immer gleich mehrere Männchen, die vor Aufregung piepsen. Sie sind so bei der Sache, daß eines beinahe Raschelbeins Nasenspitze zu fassen bekommt. Das ist ihm nun doch zuviel und er piekst zurück. Getroffen stöhnt das Krötenmännchen auf, ist aber sofort wieder einem Weibchen auf den Fersen. Auf einmal kommt ein ganzer Krötenturm über den Weg gelaufen. Zwei Erdkrötenmännchen haben sich auf einer Dame festgeklammert und ein drittes und ein viertes laufen eilends hinterdrein.

Raschelbein schüttelt den Kopf über so viel Eifer. Kaum zu glauben, wozu manche Tiere fähig sind! Wieder im heimischen Garten angekommen, wundert er sich

über die Girlanden, die im Teich ausgespannt sind. Ein großes Gartenfest der Natur zur Feier des Frühlings? Es sind die Laichschnüre der Erdkröten, aus denen eines schönen Tages die Krötenkinder schlüpfen, Kaulquappen genannt. Raschelbein schüttelt erneut den Kopf, kaum zu fassen! Dann trollt er sich in Richtung Holerbusch. Oben im Gezweig des Apfelbaums ist der Amselhahn schon längst nicht mehr zu bremsen. Er schmettert ganz feierlich seine Strophen. Raschelbein schnappt im Vorübergehen nach einem fetten Gartenlaufkäfer, der gerade des Wegs kommt und meckert ein bißchen über die Kinder, die schon so lange nichts mehr in seinen Igelnapf getan haben: Kein Verlaß mehr auf andere Leute heutzutage!

Was tun?

Igel beobachten

Wer Igel beobachten will, muß vor allem gute Ohren haben. Igel sind geräuschvolle Kostgänger. Sie schmatzen, scharren, knurren, fauchen, puffen, gurgeln, hüsteln und fiepen. Bei unvermuteter Gefahr können Igel sogar markerschütternd schreien und laut quieken. Vermutest du einen Igel im Garten, dann stell ihm ein Schälchen mit frischem Rinderhackfleisch hin, aber nur solange der Tisch der Natur nicht überreich gedeckt ist, also im zeitigen Frühjahr und im Herbst. Vom Haus aus, aus dem Gebüsch oder vom Fenster mit einem Fernglas kannst du den Igel beim Fressen beobachten. Aber vielleicht stellt sich auch ein ganz anderer Nahrungsgast ein?

Es kommt der Tag, an dem es Raschelbein im Gartenland langweilig wird. Er weiß zwar, daß hinter dem Garten die Felder beginnen, auch ein Laubwäldchen gibt es und das gefährliche Asphaltband, von den Menschen Straße genannt. Aber was kommt dahinter?
Raschelbein will es wissen. Es zieht ihn in die weite Welt.

Und eines Abends macht er sich tatsächlich auf den Weg. Unterm Gartenzaun hindurch, an den Zaunlatten der Nachbargärten entlang, über den knirschenden Kies des Gartenwegs. Dann steht er schon vor der breiten, geteerten Fahrbahn. Nacktschnecken und Regenwürmer stürzen sich todesmutig auf den wärmenden Asphalt. Todesmutig? Die sind doch lebensmüde, denkt Raschelbein bei sich und sammelt nur schnell im Vorübergehen hie und da

etwas von der leckeren Beute ab. Dann hat er die Rennstrecke der blitzenden Ungetüme überquert. Geschafft!
Am Feldrain entlang trippelt Raschelbein weiter. Die Erdkröten vom Pappelhain kennt er schon. Immer noch ziehen einige zu den Teichen im Gartenland. Dann aber ist Raschelbein in einer unbekannten Welt. Bäume und Büsche, wie sie hier wachsen, hat er noch nie gesehen. Heidekraut säumt den Waldrand, und mit einem Mal zischt es ganz gewaltig. Was ist denn das? Auf einem großen Stein hat sich ein Riesenwurm zusammengeringelt. Das Zickzackband auf dem Rücken signalisiert Gefahr. Mit dem will es Raschelbein lieber nicht aufnehmen. Aber schon stehen sich beide gegenüber. Der junge Kreuzottermann hat noch nie einen Igel gesehen, so wie Raschelbein noch nie eine Schlange. Anstatt sich gegenseitig ziehen zu lassen, mustern sich beide Tiere gespannt. Raschelbein hat seinen Stachelpanzer gesträubt und der Kreuzottermann züngelt mit dem Gabelpfeil, der ihm immer wieder blitzschnell aus dem Rachen schießt.
Plötzlich spürt Raschelbein einen harten Schlag, den sein nun schon ziemlich dichtes und wehrhaftes Stachelkleid gerade noch abfangen kann. Die Schlange krümmt sich wild und ein feiner, kaum merklicher Sprühregen trifft Raschelbeins Rückenhaut. Wieder und wieder versucht die Kreuzotter zuzubeißen, offensichtlich in äußerste Wut geraten. Raschelbein bleibt ganz ruhig, und das ist auch sein Glück. Denn so oft die Schlange auch zubeißt, sie kann den Igelpanzer nicht durchdringen und verspritzt die Flüssigkeit aus ihrem Giftzahn vergebens.
Gleichzeitig bringt sie sich selbst unheilbare Wunden bei, und als sie noch immer nicht abläßt, beißt auch Raschelbein einmal kurz und beherzt zu. Dann liegt der Gegner niedergestreckt am Boden. Doch fressen mag Raschelbein nicht von dem Schlangentier.
Nicht nach so einem Kampf ...

An einem großen Felsen entlangtrippelnd, sucht Raschelbein erst einmal nach einer Schlafhöhle für den kommenden Tag. Beinahe wäre er dabei in einen Tümpel gefallen, einen Steinbruchsee, viel gefährlicher noch als ein Gartenteich ohne Leiter. Hier hätte es kein Entrinnen gegeben.
Und auch nach diesem Schreck kommt Raschelbein nicht zur Ruhe. Wieder zischt es gewaltig. Im Morgendämmer bemerkt Raschelbein eine riesige Schlange mit gelben Flecken am Kopf. Oh nein, mit diesem Monster möchte er nicht kämpfen müssen. Wie konnte er nur in diesen Schlangenpfuhl geraten? Aber die harmlose Ringelnatter nimmt keine Notiz von Raschelbein. Sie hat es auf die liebestollen Moorfrösche abgesehen, die im himmelblauen Hochzeitsfrack den Steinbruchweiher bevölkern.
Raschelbein zieht weiter. Er wünscht sich wieder offeneres Gelände mit ein paar Büschen, an denen er sich entlangtasten kann, denn bekanntlich hat er nicht die besten Augen. Schon fast auf der anderen Seite des Waldes angekommen, schwebt plötzlich ein großer Schatten über ihm.

Huh, klingt es ganz schauerlich, huhh, uhuhu! Raschelbein hat Glück, daß es schon hell wird. Mit Müh und Not kann er sich unter eine Wurzel flüchten, und der Uhu mit den tellergroßen, leuchtendgelben Augen muß abdrehen.
Nach diesem Schreck schläft Raschelbein drei Tage und zwei Nächte. Dann wacht er mit einem Mordshunger auf und schleicht sich klammheimlich aus dem felsigen Schlangenparadies und Uhuwald, während der große Vogel noch tagblind in seiner Nestmulde hockt. Über Felder und Wiesen, vorbei an kleinen Bergen und sogar über eine Eisenbahnstrecke hinweg, gelangt Raschelbein immer weiter von seiner heimatlichen Gartensiedlung fort.

Eines Tages hat Raschelbein eine merkwürdige Begegnung.
Ein anderer Igel kommt ihm entgegen. Zunächst denkt Raschelbein verblüfft: der Kerl sieht ja aus wie ich! Ich dachte, ich wär allein auf der Welt; denn Mutter und Geschwister hatte Raschelbein inzwischen längst vergessen. Als er aber genauer hinschaut bemerkt er, daß der andere Igel einen ganz hellen Brustlatz trägt, dazu rote Augen und ein rosa Schnäuzchen.
Raschelbein und der Fremdling beschnüffeln sich ein wenig. Auch dem anderen scheint etwas aufgefallen zu sein.
Die beiden Igelburschen fangen an, sich in Rage zu quieken, einander zu knuffen und zu boxen. Aber so richtig in Wut kann Raschelbein nicht geraten. Schließlich ist er hier auch nicht gerade zu Hause. Der Igelalbino hat vielleicht ähnliche Gefühle. Deshalb beenden die beiden ihre Rangelei auch bald wieder und beschnüffeln sich noch eine Weile aufmerksam. Mit kurzem Grunzen verabschieden sich die beiden Igel unterschiedlicher Hautfarbe voneinander und mit einem bißchen guten Willen kann man ihre Lautäußerungen für ein „Glück auf dem Weg!“ halten. Auch Igel können verschieden aussehen, das wissen jetzt beide.

Für Raschelbein hat diese Begegnung aber noch eine andere Bewandnis. Er beginnt sich ernsthaft zu fragen: Habe ich mich auch nicht schon zu weit von zu Hause entfernt? Wird es nicht vielleicht höchste Zeit, mir ein eigenes Revier zu suchen und nach einer lieben Igelin Ausschau zu halten?

Unter einem Holunderbusch, der schon Blütenstände angesetzt hat, wie sicher jetzt auch der im heimischen Garten, überschläft er diese Gedanken erst einmal. Aber er vergißt sie nicht.

Als Raschelbein im Dämmerlicht des nächsten Abends erwacht, glaubt er seinen Augen nicht zu trauen. Eine eigentümliche Gesellschaft hat sich auf der Waldwiese versammelt, Tiere mit langen Ohren, die sie aufstellen, aber auch abknicken können. Immer mehr solcher Tiere kommen aus dem Wald gehoppelt, als hätte jemand zum Konzert eingeladen. Durch eine Pforte aus knospenden Buchenzweigen, über einen weiß-gelb-blauen Teppich aus Buschwindröschen, Scharbockskraut und Leberblümchen mitsamt der zartrosa Borte von wildem Seidelbast, tollen die Hasen heran zum großen Fest. Gut zwei Dutzend Hasenmänner sind schon versammelt. Ihr Hauptaugenmerk gilt den geschniegelten Hasendamen. Die wippen kokett mit der Blume, dem schwarzweißen Hasenschwanz, und zerstäuben Duftstoffe, die die Hasenmänner ganz außer Rand und Band bringen.

Raschelbein weht ein Parfümduft in sein empfindliches Riechorgan, für den er sich ganz und gar nicht erwärmen kann. Unterdessen kommen die Rammler, so heißen die brünftigen Hasenmänner, in Fahrt. Sie haben die schwierige Aufgabe, die auserwählte Dame zärtlich zu begeistern und gleichzeitig Nebenbuhler von ihr fernzuhalten. Kommt einer der Angebeteten zu nahe, muß sich der Bräutigam im Hochzeitskostüm zum Boxkampf stellen. Die stattlichen Mümmelmänner bringen das Fünffache von Raschelbeins Gewicht auf die Waage und können sich bis zu einer stattlichen Höhe von einem Dreiviertelmeter aufrichten. So trommeln sie mit den Vorderläufen aufeinander ein. Mit Sprüngen bis zu zwei Metern Höhe versuchen die langohrigen Recken einander auszuweichen und besser in Position zu kommen, vor allem aber Eindruck zu schinden bei den Hasendamen. Im Zickzack-Kurs jagen sie hintereinander her und stellen sich erneut zum Kampf.

Am späten Abend ist die Gesellschaft weitgehend in festen Händen. Nur ein enttäuschter Junghase hoppelt noch einem frisch vermählten Paar hinterdrein ...

Als endlich Ruhe einkehrt, kann sich Raschelbein auf Jagd begeben – reichlich verspätet. Zwar befremdet ihn, was er erlebt hat, einigermaßen, sein Wunsch aber, nun auch bald eine Freundin kennenzulernen, wird dadurch eher noch angefacht. Bloß, wo soll er sie treffen? Die Hasen wissen schon, weshalb sie solch ein Spektakel veranstalten!

Etwas mißmutig verzehrt Raschelbein das Gelege einer Nachtschwalbe. Das ist ein am Tage fast unsichtbarer Vogel, der mit Einbruch der Dunkelheit durch eine einförmige Melodie auffällt: Errörrerrörr, klingt es monoton über die nahen Kiefernschonung. Noch lange verfolgt Raschelbein die eindringliche Stimme des geheimnisumwobenen Gesellen.

Nacht für Nacht und Schritt für Schritt kommt Raschelbein nun wieder seiner alten Heimat näher. Er weiß nicht, was ihn dorthin treibt, aber er läßt sich nicht von seinem Weg abbringen. Dafür werden die rollenden Lichterketten immer dichter

und länger, je näher er dem Tal der großen Stadt kommt. An einer Stelle dröhnt der Lärm der blitzenden Ungetüme besonders laut. Gleich in mehreren Reihen jagen sie auf einer überbreiten Betonpiste um die Wette.

Raschelbein kann keinen rechten Sinn darin entdecken und hält das ganze für eine ähnliche Einrichtung wie die Hasenhochzeit – nur eben für die großen Rädertiere der Zweibeiner. Er ist froh, einen feuchten Tunnel zu finden, der unter der Rollbahn hindurchführt. Im Abenddämmer erkennt er gerade noch einen großen braunen Vogel, der sich auf einem Pfahl an der Autobahn niedergelassen hat. Der scheint nur darauf zu warten, daß unsereiner unter die Räder kommt, denkt Raschelbein und drückt sich ins Farnkraut. Natürlich weiß er nicht, daß der Bussard nachts blind ist, so wie der Uhu am Tage. Aber mit seiner Ahnung hat Raschelbein recht. Tatsächlich lauert dieser große Vogel, der eigentlich stille Gebirgstäler und Feldgehölze viel lieber hat, an der Straße, um totgefahrene Tiere ratzebutz beiseite zu schaffen und aufzufressen.

Was tun?

Pflanzenschutz im Igelgarten

Wer einen Igel im Garten hat, sollte auf chemische Tier- und Pflanzengifte aus der Sprühdose lieber verzichten. Diese Hilfsmittel sollen die Ernte vergrößern, sind aber für das biologische Gleichgewicht im Garten überhaupt nicht gut. Am besten, wir vertrauen auf die Regeln der Natur: Marienkäfer vertilgen Blattläuse, Schlupfwespen bestimmte Milbenarten und die Schnecke im Salatkopf wird von Raschelbein dingfest gemacht. Wenn sie durch Giftstoffe getötet werden sollte, würde der Igel mit der vergifteten Schnecke Schadstoffe zu sich nehmen. Und genauso geht es vielen anderen Tieren und am Ende sogar uns Menschen, wenn wir „chemische Keulen“ schwingen.

Eines Tages im frühen Sommer ist Raschelbein tatsächlich wieder im heimischen Garten angelangt. Er freut sich über das üppige Grün, das gute Deckung verspricht, über den igelfreundlichen Lattenzaun und den vertrauten Amselhahn, der im Mondlicht auf dem Apfelbaum sitzt, im Schlaf ein wenig säufzend.

Aber irgendetwas stimmt nicht im Garten, das merkt Raschelbein gleich. Es dauert nicht lange, da hört er einen Igel husten. Schöne Bescherung. Vor Entrüstung schreit Raschelbein laut auf. Das hätte man ihm gar nicht zugetraut. Aber es klingt schrill und markerschütternd. Woher weiß Raschelbein, daß es nicht die ersehnte Igelin ist, die sich im Garten versteckt hält? Dafür hat er einen siebten Sinn und die Natur gibt ihm Recht. Kaum geschrien, eilt ein etwa gleichaltriger Igelmann unterm Stachelbeerstrauch hervor. Es ist Stachelmax, den die Kinder nach der Überwinterung wieder ausgesetzt haben. Raschelbein erkennt den Bruder nicht mehr. Er beschnüffelt ihn kurz, dann laufen die Widersacher einmal umeinander herum und sind nicht mehr zu bremsen. Mit gesträubtem Stachelpanzer gehen die Igel aufeinander los. Sie knuffen und puffen und boxen wie die Filmhelden. Wer Sieger wird, bleibt ungewiß.

Plötzlich teilt sich der Stachelbeerstrauch ein zweites Mal und ein Igelweibchen taucht auf. Raschelbein ist untröstlich.

Warum kann er nicht mit ihr alleine sein? Wahrscheinlich hatte sich das Igelfräulein schon vor Stachelmax in dem verwaisten Igelrevier eingefunden. Nun verdoppelt sich die Anstrengung der beiden Rivalen. Raschelbein kommt zugute, daß er einen harten Überlebenskampf in freier Wildbahn hinter sich hat. Zwar war er sehr geschwächt aus dem Winterschlaf erwacht, aber im Frühjahr hat er sich prächtig herausgemacht und auf seiner langen Wanderung Erfahrungen gesammelt.
Stachelmax kämpft zwar temperamentvoll, aber nicht sehr ausdauernd. Mit einem nicht weniger markerschütternden Schrei als zuvor von Raschelbein ausgestoßen, verläßt er schließlich die Arena. Und – auch die Igelin verschwindet. Raschelbein ist enttäuscht.
Die kommenden Tage geschieht erst einmal gar nichts.
Nur der Sommer singt sein Lied.

Raschelbein weiß genau, daß die Igeljungfrau noch in der Nähe ist. Einmal hat er sie in sein altvertrautes Nest unter dem Holunder schlüpfen sehen. Deshalb hat er ganz ritterlich unter den schwarzen Johannisbeeren Quartier bezogen, obwohl er deren schweren Duft beileibe nicht ausstehen kann.
Doch eines nachts hält er es nicht mehr aus und sucht nach der Igelbraut. Leise und etwas unruhig quiekt er dabei, als er merkt, daß er auf der richtigen Fährte ist. Doch Rascheline, wie Raschelbein die Auserwählte im Stillen schon nennt, weicht immer wieder aus. Schließlich ist der Igelgeselle auf Sichtweite hinter ihr her. Immer enger werden die Kreise des Igelkarussels. Nach einigen Stunden erst wird Rascheline langsamer. Einige Male noch boxt sie Raschelbein weg, dann drehen sie sich wie ein Tanzpaar gemeinsam rundherum. Danach erst kommt es im Morgengrauen zur Igelhochzeit – gar nicht so viel anders als bei den Hasen.
Wenige Tage nach seiner Hochzeit schon verliert Raschelbein jedoch das Interesse am Gartenparadies. Rascheline ist ihm plötzlich egal. Den schönen Platz unterm Hollerbusch, der jetzt in voller Blüte steht, überläßt er großzügig seiner Gefährtin und dem zu erwartenden, gemeinsamen Nachwuchs und zieht ohne großen Abschied seiner Wege.

Zu interessant ist das Igelleben im Hochsommer. Dieses Mal will Raschelbein im Winter keinen Hunger leiden und sich rechtzeitig einen Superbauch anfressen. Damit fängt er beizeiten an – nach den Abenteuern im Frühling und Frühsommer hat er das dringende Bedürfnis, sich einmal richtig zu erholen. Und dazu gehört bei einem Igel Leckermahlzeit auf Leckermahlzeit.

Aber so einfach macht es die Natur einem Igel nicht. Als Raschelbein sich auf dem Feld hinterm Gartenland wieder einmal an einem Gelege gütlich tun will, bekommt er Ärger mit einem großen, graubraun gesprenkelten Vogel. Der kommt angeflogen und gackert lautstark auf Raschelbein ein, der sich gar keiner Schuld bewußt ist. Schließlich tut er nur, was ihm das Leben vorschreibt. Doch auch das Rebhuhn kämpft um sein Recht. Es hat schon einmal Pech gehabt in diesem Jahr und will sein Gelege nicht ein zweites Mal einbüßen. Raschelbein zeigt Verständnis. Er ist keineswegs ein ausgemachter Eierdieb, nur ein bißchen bequem geworden. Und außerdem schmecken Dotter nun einmal so gut! Dennoch versucht er, begütigend zu quieken. Aber die Henne bleibt hartnäckig und setzt dem Igel kräftig zu, mit Flügelschlägen und Schnabelhieben. Strafe muß sein! So richtig gefährlich werden kann sie Raschelbein freilich nicht. Das können in Stadtnähe nur Fuchs, Marder und – Trolli aus dem Nachbargarten. Ausgerechnet der kommt nun zu allem Übel auch noch übers Feld getobt. Bestimmt ist er wieder ausgebüchst. Aber das hilft Raschelbein gar nichts. Der hat den ganzen Ärger bald satt und rollt sich ganz klein zusammen. Das würde mancher gern können, der sehr viel größer ist. Allerdings kann Raschelbein damit nicht verhindern, daß Trolli ihn eine ganze

Weile beschnüffelt und dann nach Strich und Faden verbellt. Schließlich tippt der freche Hund ganz vorsichtig mit der Pfote gegen Raschelbeins Stachelpanzer und rollt den Igel doch tatsächlich einige Meter den abschüssigen Feldhang hinunter – immer auf das Gelege des Rebhuhns zu, das gut getarnt im Kleeschlag hockt und von Trolli noch gar nicht bemerkt worden ist. Nun wird der natürlich aufmerksam und muß erst einmal die Eier beschnüffeln. Glück für Raschelbein – Pech für die Rebhuhnmutter.

Aber auch dieses Mal fährt sie todesmutig hoch und erschreckt doch tatsächlich Trolli so sehr, daß er laut kläffend über das Feld verschwindet. Da bekommt Raschelbein ein ganz schlechtes Gewissen, daß er die Rebhuhneier verspeisen wollte und macht sich übers Feld auf, in Richtung Gärten, wo er – ein wenig weiter von Trolli entfernt – erneut Quartier gefunden hat.

Raschelbein ist jetzt ein Jahr alt und zu einem stattlichen Igelburschen herangewachsen, der sogar schon Vater ist. Er hat allen Grund, ein wenig optimistisch zu sein. So manches Abenteuer liegt noch vor ihm.

Und gleich zu Beginn des Altweibersommers, entdeckt Raschelbein dann auch prompt etwas Neues. Die achtbeinigen Spinnentiere, die er bisher hauptsächlich als Beikost zur Kenntnis nahm, scheinen plötzlich in ungeahnten Mengen vorzukommen. Ihre Netze funkeln zu Hunderten im Morgentau, und winzige Jungspinnen lassen sich an Fadenflößen von den Blättern gleiten.

Eine gelb-schwarz gestreifte Spinnenart erregt Raschelbeins besondere Aufmerksamkeit. Sie ist recht groß und gewiß ein leckerer Happen, zumal ihr Radnetz im Gras direkt über dem Boden aufgespannt ist. Nur: meistens ist sie zu behend und entkommt Raschelbein ohne Mühe.

Leichter kann er sich ihrer Beute bemächtigen, oftmals Grashüpfer, die sie in einen langen Spinnfaden eingewebt hat. Raschelbein hat schon manches Mal dabei zugesehen. Wenn sich die Zebraspinne, vor der er ein wenig Respekt hat, zurückzieht, pflückt sich der Igel ihre Beute aus dem Netz.
Was Raschelbein gar nicht versteht: Warum frißt die Spinne ihren Partner? Wehe, Rascheline hätte das gemacht! Was sich wohl die Spinnenfrau dabei denkt, ihren Gatten nach der Hochzeit einfach einzuspinnen und zu fressen? Dieselbe Wespenspinne baut auf kunstvolle Weise eine Wiege für ihren Nachwuchs. Mit wieviel Umsicht und Feingefühl sie dabei vorgeht, verschlägt Raschelbein erst recht den Atem. Kaum zu glauben, daß es ein und dasselbe Tier ist! Den Spinnennachwuchs läßt Raschelbein jedenfalls doch lieber in Ruhe. Gar zu geheimnisvoll sind ihm diese Wesen.
Er hält sich lieber an die saftigen Birnen, die nun schon wieder zu fallen beginnen. Raschelbein hat einmal das Jahr umrundet. Nun wird es hohe Zeit, für den Winter zu rüsten.
In einer milden Septembernacht bricht Raschelbein alle Rekorde und verzehrt 88 Käfer und 92 Raupen. Soviel hat er noch nie geschafft. Zum Platzen voll ist er – und kann dem bevorstehenden Winter nun langsam gelassen entgegensehen.

Als er sich im Morgengrauen zur Ruhe setzen will, hört er Rascheline mit dem Nachwuchs durch den Garten spazieren. Fünf muntere Igelchen hat sie zur Welt gebracht. Sie werden es schwerer haben den Winter zu überstehen, als ihr stattlicher Vater. Aber einige von ihnen werden es – manches vielleicht auch nur mit Hilfe der Menschen – schaffen. Schon jetzt haben Robert und Ulrike ganze Arbeit geleistet. Unter den Gartenbesitzern haben die Kinder eine Kampagne gestartet, die sie „Aufklärung über Igel“ nennen. Das Versteck unterm Holunderbusch haben sie gut bewacht. Kein Trolli konnte Wochenbett und Babystube der Igelin stören, keine Katze. Und sogar die Großmutter konnten sie überreden, auf ihre Holundersuppe zu verzichten. Das werden ihr nicht nur die Igel danken, sondern auch die Vögel, die im Wind getrocknete Beeren gern als Winterspeise verzehren.

Im Gänsemarsch zieht Raschelbeins Nachwuchs durchs Gartenland am Rande der Stadt. Und auch Raschelbein ist zufrieden. Wenn alle Gartenbesitzer mitmachen und alle Kinder soviel Verständnis haben wie Uli und Robert, wird es vielleicht tatsächlich noch ein Igelparadies ...

Was tun?

Unterschlupf statt Hausarrest

Igeln, und mit ihnen auch vielen anderen wildlebenden Tieren, hilfst du am besten, wenn du ihnen Lebensräume gestalten hilfst. Laubquartiere, Holzstöße und Steinhaufen, Büsche, Baumgruppen und Hecken nützen ihnen mehr als gut gemeinte, aber oft vorschnelle und falsch verstandene Überwinterungshilfe im Keller. Viele Igel überleben am Ende doch nicht oder sterben kurz nach der Wiederaussetzung in der freien Natur. Deshalb: Unterschlupf statt Hausarrest! Wo entsprechend reich gegliederte Lebensgebiete vorhanden sind, hat ein Igel auch immer genug zu fressen. Und wenn wir ihm dann in der Not noch ein bißchen mit Futter und Wasser, Igeltreppe und Verkehrsschutzzaun helfen, den Holzstoß nicht plötzlich versetzen und damit vielleicht der Igelfamilie das Dach abdecken, den Garten nicht zubetonieren, auf Hund und Katze achten und selbst nicht zu sehr stören, dann haben Raschelbein und seine Verwandten ganz bestimmt ihr Auskommen.

Mai:

Raschelbein auf Brautschau

Auf der Suche nach einem Igelweibchen kommt es zu Rivalenboxkämpfen. Der Sieger dreht mit dem Weibchen das Igelkarussel.

Juni:

Raschelbein wird Vater

Aber er weiß nichts davon. Die Igelmutter bleibt mit ihren drei bis sieben weißstacheligen Jungen allein im Nest.

Juli:

Raschelbein wandert weiter

Inzwischen macht der Nachwuchs erste Ausflüge mit der Mutter, lernt fressen und jagen. Die anfangs weichen, weißen Stacheln verhärten, wachsen und dunkeln nach.

August:

Raschelbein frißt sich einen Wanst an

Während die Jungigel bereits selbständig sind, beginnt die „Freßwelle“ – die Igel nehmen mehr Nahrung auf, als sie zum Leben brauchen. Binnen drei Wochen kann sich ihr Gewicht verdoppeln, pro Nacht vertilgen sie bis zu 150 Gramm und noch 50 Gramm Flüssigkeit.

April:

Raschelbein auf Futtersuche

Bei Temperaturen von 10 bis 15 Grad beginnt das Herz schneller zu schlagen, die Körpertemperatur erreicht wieder 35 bis 37 Grad. Alles Freß- und Trinkbare wird angenommen, Wanderung zu guten Futterplätzen.

März:

Raschelbein im Halbschlaf

Erwacht bei milder Witterung. Auch jetzt sind Frostperioden noch sehr gefährlich, da sie viel Energie kosten und die Fettreserven aufgebraucht sind.

Februar:

Raschelbein hält Winterschlaf

Reserven verbraucht, Körpertemperatur muß auch bei Frost auf 5 Grad gehalten werden. Wärmeeinbrüche sind jetzt tödlich.

Januar:

Raschelbein hält Winterschlaf

Körpertemperatur ist von 37 auf ca. 5 Grad Celcius gesunken. Feste, steife Stachelkugel wäre nur mit Gewalt zu öffnen.